$L\overset{27}{n°}19758.$

NOTICE (*)

SUR ALEXIS TRANSON,

CHARCUTIER, PHILOSOPHE ET ANTIQUAIRE.

> Voyant le dueil qui vous mine et consomme,
> Mieulx est de ris que de larmes escripre.
> (RABELAIS.)

La Bretagne, sous le rapport des célébrités intellectuelles, est-elle pauvre et stérile, comparativement au reste de la France? Dom Vaissette, entre autres écrivains, et le comte de Boulainvilliers l'ont prétendu. Un de nos historiographes les plus érudits, l'abbé Manet, le nie; et il

---

(*) Retardée d'impression, et lue en séance du 5 janvier 1848.

donne, pour argument de sa négation, la très-longue liste de tous les esprits éminents mentionnés dans les Annales de la province. En plus du nom, du titre historique et de la date de ses personnages, il indique avec précision le lieu de leur naissance. (II. 599)

Or, dans cette espèce de statistique, que rien ne peut faire suspecter soit d'omissions, soit de partialité, je remarque que la petite ville de Quimper est représentée par le chiffre de production 28. Nantes, 10 fois plus peuplé, devrait donc l'être par 280 (28×10) ; en d'autres termes, compter dix fois plus d'illustrations sur dix fois plus d'habitants. Pas du tout; au lieu de 280, son chiffre n'est que de 33. Il dépasse à peine le premier.

Qu'est-ce à dire ? que Nantes serait, comme pays à supériorités, comme terre à génie, dix fois moins fécond que Quimper-Corentin ? Cette conclusion ressort indirectement du document que je cite ; mais je la nie, Messieurs... par politesse pour nous-mêmes.

Où serait la cause d'une telle stérilité ? Dans le caractère hybride de notre fâcheux climat, ni terrestre ni maritime ? ou dans l'infériorité psychologique du type autochthone ? ou dans nos habitudes universelles et séculaires de commerce ? Cette dernière supposition est aussi peu vraisemblable que les deux autres sont peu flatteuses. Car voyez d'autres villes de commerce ; voyez Rouen, Bordeaux, Marseille, etc. Les grands hommes y abondent.

Quoi qu'il en soit, l'imminence d'une grande fertilité est le propre de toute terre longtemps en friche. Et déjà le ci-devant comté nantais, contre son passé peu riche de gloire, peut faire appel à son présent et à son avenir. Déjà beaucoup de nos concitoyens actuels figurent avec éclat dans l'armée, la science, le barreau, la politique et ailleurs. Réalités pleines de présages, primeurs et prémices d'une belle moisson prochaine. Admettons-le, Messieurs; admettons-le de grand cœur. Mais enfin l'espérance n'est point infaillible; et, millionnaire de fait ou d'attente, on ne doit jamais négliger les petits profits.

En vertu de ce principe de prudence et d'économie, je viens consacrer quelques-uns de vos instants et des miens à la mémoire d'un Nantais trop peu connu : de feu Alexis Transon. Que l'oubli de cet homme soit, ou non, inévitable dans la conscience de la postérité, j'ai du moins cru qu'il ne deviendrait légitime dans la conscience de ses contemporains, qu'à la condition de n'y être pas trop immédiat ni trop absolu.

Il faut que, dans la destinée, tout se gradue et se proportionne comme dans la nature. Il faut que l'esprit de hiérarchie plane sur la vie comme sur la mort. Le panthéon funèbre des anciens était à bon droit une pyramide. On n'y enfournait pas les grands hommes, comme dans le nôtre, à plat et à niveau. Aussi, celui-ci reste-t-il vide. Et nos types glorieux préfèrent se disperser en plein air sur le sol qui les a vus naître. Mais là encore ils s'échelonnent, ils se superposent, par l'importance de leurs images. Ainsi Cambronne reçoit à Nantes sa statue de bronze; Édouard Richer aura son buste de marbre dans notre Bibliothèque, auprès de ses œuvres; et Transon, à défaut d'une notice d'almanach, devait obtenir de l'un de nous un feuilleton académique.

Une notice d'almanach! minimum des honneurs posthumes, aux yeux de qui ne s'y connaît pas. Publicité un peu banale, comme certaine lorette chère à Périclès; mais qui n'en est pour cela ni moins fière ni moins enviée. De figurer dans les almanachs, ou d'y écrire, comme *adire Corynthum, non datur omnibus.* Nous le savons, Transon et moi. Nous avons été refusés tous les deux, auteur et sujet, héros et biographe. — Vous me direz: est-ce celui-ci pour celui-là, ou celui-là pour celui-ci? — Je ne sais; on n'a osé incriminer, en face du vivant, que le défunt: on a prétendu que cet homme du peuple n'était pas assez populaire.

Et, en effet, au contraire d'être populaire, Transon, Messieurs, était conservateur. Conservateur au triple titre mentionné, de charcutier, de philosophe et d'antiquaire; c'est donc aussi à une société d'esprits conservateurs qu'il fallait d'emblée en recommander l'estime.

Transon, conservateur, était en outre original. Sorte de cumul assez rare, comme vous savez, et pour plus d'une raison; la principale, sans doute, c'est que la loi ne le défend pas. Il était même original en tout, avant tout et pardessus tout. Mérite, à la vérité, suspect que celui-là. Le grand nombre en a la peur bien plus que le désir, d'être original. Mais cette peur chez le grand nombre est assez inutile d'autre part, puisque l'originalité est toujours un signe de ce qui lui manque, un signe d'esprit.

L'originalité est bien autre chose, à mon sens. C'est une valeur au point de vue social, dont mille circonstances haussent le prix en ajoutant, de nos jours, à son besoin comme à sa rareté. Qui ne sait qu'un choléra nouveau frappe à nos portes, le choléra de l'ennui, annoncé par tant d'observateurs? Qui ne reconnaît que le danger imminent de tout peuple civilisé est de périr par disette de gaieté? Famine morale, dont nous voyons le progrès en rapport direct avec le nombre des discours et l'abondance du comfort. Il n'en était pas ainsi chez nos pères. Au contraire, leur excessive hilarité avait fini par prendre un caractère maladif. Elle s'attestait par une fièvre d'entrechats forcés et contagieux que l'histoire appelle danse de Saint-Guy. Évidemment, la névrose de nos neveux sera de signification opposée. Saturés de bien-être, éthérisés d'éloquence, ils auront aussi eux des attaques convulsives et épidémiques; mais attaques plus partielles et toutes maxillaires. Cela posé, et en face de ce spleen qui s'universalise, nierez-vous l'utilité pratique des originaux : farceurs involontaires, d'autant plus gais dans leur rôle, qu'ils le jouent malgré eux; acteurs sans étude, qui, au sortir du *Conservatoire* de la Providence, toujours en scène, distribuent gratis à leurs concitoyens du parterre une joie qui épanouit le cœur et tonifie l'âme? Nierez-vous qu'ils soient une richesse positive ; une richesse d'ordre, au moins, pharmaceutique et sanitaire? Non. Il faut donc propager leur espèce, il faut la cultiver. — Je dis plus : il faut glorifier leur conduite à l'égal presque de la sainteté. *Transiit benefaciendo*, lit-on dans l'Évangile, à propos du saint véritable : *Il passa en faisant le bien.* Or, qu'est-ce que faire le bien, sinon rendre son prochain heureux? Et quelle meilleure manière de rendre son prochain heureux, sinon de l'égayer? Glorifions donc les originaux ; glorifions-les à meilleur droit que ces personnages trop chargés jusqu'ici d'éloges et de couronnes, qui font précisément l'œuvre contraire, tribuns et conquérants, provocateurs de larmes. Il est vrai qu'ils provoquent aussi des larmes, les originaux. Mais voyez, d'un pôle à l'autre, si ce n'est pas celles du fou rire. Partout, la société, qui les observe, s'en amuse et s'en moque. Otez-les, comme thèmes, de nos conversations ; et, Français nés parleurs, nous voilà plus taciturnes que des Turcs, plus muets que des trappistes. Otez-les, comme caractères, de la foule ; et la foule n'est plus qu'une collection de copies. Otez-les enfin, comme ornements, de nos cités ; et le flâneur aimerait autant circuler dans le désert.

Signe d'esprit, richesse sociale, vertu chrétienne, l'originalité d'A. Transon constituait donc son principal titre à l'histoire. Seulement, pour le bien faire valoir, il m'eût fallu à moi-même l'originalité du talent ; et, par impuissance plus encore que pour d'autres motifs déjà énoncés, je ne vous parlerai que de Transon conservateur.

Rien, Messieurs, de plus propre à guider votre esprit dans la grandeur du sujet, rien de plus conforme aussi au genre de l'oraison funèbre, que la division ternaire, que la division en trois points. Je l'adopte toutefois, moins par esprit de tradition et par méthode, que pour la raison exprimée dans mon titre. C'est que cette division ternaire était réalisée dans la personne d'Alexis ; c'est qu'elle était en outre incessamment présente à sa pensée. Les *trois qui n'en font qu'un*, nous verrons que c'était là sa haute formule de réduction et d'abstraction, comme historien et philosophe. Mais n'anticipons pas, et procédons par ordre.

I.er POINT. — Transon charcutier et citoyen.

Alexis Transon est mort à Nantes, âgé de 72 ans, le 5 février 1847, d'une maladie courte, d'une mort tranquille et presque soudaine. Il est mort rue Saint-Nicolas, n.º 26, où il était né et ce qu'il était né : fils charcutier d'un père qui l'était lui-même. Exemple de plus en plus rare, Messieurs, de fidélité et de transmission professionnelle. Je le recommande à nos archéologues. C'est un précieux débris d'une civilisation qui s'en va. Aujourd'hui, vous le savez, pour mourir Pair de France, il faut être né fabriquant de cirage ou de bougie à l'étoile ; et tel et tel ne seraient pas devenus ministre des Affaires Étrangères par excellence, président du Conseil, voire même Roi des Français, s'ils n'avaient été une grande partie de leur vie de parfaits maîtres d'école.

Ainsi le veut l'article III de la Charte 1815 et 1830, proclamant tout Français également admissible aux emplois civils et militaires. Transon eût pu, comme un autre, bénéficier de cet article. Mais non, ses principes d'antipathie le lui défendaient ; ses principes d'antipathie contre le nouveau, contre l'innovation en politique comme en tout, contre le neuf en quoi que ce soit. Qu'il fût malgré cela intimement et profondément républicain ; on l'a prétendu, et j'en conviens. Mais républicain dans quel sens ? Distinguons. Dans le sens moderne et à la façon de Babeuf ? Je le nie. Dans le sens antique et à la façon de Caton, son ex-confrère de Rome, *Porcius* Cato ? Je l'admets. A parler nettement, Transon était patriote et non pas révolutionnaire.

La Restauration ne restaura pas le sens des mots. Elle confondit bien à tort ces deux appellations en sa personne. Pauvre Restauration ! il était écrit qu'en qualité d'aveugle, elle frapperait ses défenseurs et ferait feu sur ses troupes. Elle destitua donc Transon en 1815. Elle le destitua de son grade de sergent dans la garde nationale. Sergent de grenadiers, disent les uns ; de sapeurs, disent les autres.

Ce sur quoi les témoignages s'accordent, c'est que, bien qu'il y eût alors des chutes plus profondes, Alexis ne se consola pas de la sienne. Retiré dans la vie privée, comme dans une Sainte-Hélène, longtemps, m'a conté une belle-sœur, il s'exhala en murmures contre les hommes. Longtemps, aux revues et aux parades, son successeur, sous le bonnet d'ours et la grande barbe (quelque intrigant d'aristocrate, je suppose), fut poursuivi par lui d'un regard sombre et violent, d'une colère jalouse et à peine comprimée. On aimerait à taire ce détail ; l'histoire doit être inflexible.

Mais le temps, qui vient à bout de nos joies, vient à bout même de nos douleurs. Transon conquit enfin la paix de son âme. « *Douce et aimable phylosophie*, put-il écrire un
» jour dans ses cahiers, *vous m'avez apris à suporter les*
» *privacions et les malheures, et vous, beaux arts, n'êtes-*
» *vous pas de vrais plaisirs qui avez ambelli ma vie.* (Sic.)»

Cette pensée remarquable de fond et de forme n'a ni son millésime ni son quantième, contrairement à beaucoup d'autres dont nous citerons un choix tout à l'heure, et qui sont chacune très-précieusement datées. Vous croirez alors peut-être entendre Job ou Confucius, Marc-Aurèle ou Pascal, Thomas Morus ou Platon ; comme ici encore

Anicius Boëce, auteur du *de Consolatione philosophiæ*, Epictète ou Sénèque. Mais non, c'est du Transon pur; l'orthographe conservée accuse l'original.

Alexis avait pris rang au bataillon civique, en remplacement de son père. On sait qu'après l'attaque de Nantes, le lendemain de la Saint-Pierre, les brigands en déroute furent poursuivis (style de l'époque) jusque dans leurs repaires par les assiégés vainqueurs. Ce fut dans cette glorieuse expédition que Transon le père mourut les armes à la main. Son fils aîné devint en conséquence son vengeur sous le drapeau, et du même coup son successeur au hachoir, comme aussi le tuteur naturel d'une nombreuse progéniture. Onze frères et sœurs! *O tempora et mores!* comme disait Cicéron. Onze frères et sœurs! ô vigueur de nos pères! ô enfants dégénérés, qui par calcul ou par force, j'entends par défaut de force, nous contentons du couple!

Il est vrai, et c'est ici une circonstance atténuante, que les économistes cherchent aujourd'hui à enrayer, eux qui alors poussaient à la roue. De *populomanes* ils sont devenus *populophobes*. Vive la liberté! vive le laissez-faire dans tout commerce et dans toute industrie, disent-ils, excepté dans l'industrie du mariage et dans le commerce des cœurs. Le *multiplicamini* de Moïse à leurs yeux n'est qu'une hérésie. Ils demandent qu'on garnisse de douanes les frontières de la vie, et qu'on frappe d'un droit prohibitif l'importation des nouveaux-nés. Déjà, en Allemagne, conformément à leurs conseils, le permis de noces ne se délivre qu'aux fiancés qui justifient d'un certain cens (par un c). En Angleterre, on propose la *boîte de Marcus* contre le troisième enfant. Et en France, voici le droit du *connubium*, c'est-à-dire d'embrasser à discrétion son épouse, qui va devenir privilége comme chez les Romains primitifs, devenir privilége de patricien moderne, et peut-être faire base à un impôt somptuaire et progressif. *O tempora !* encore une fois.

Madame Transon soupçonna d'instinct les faux principes de la science et ses revirements futurs. Elle refusa la pension que la loi d'alors accordait pour prime à sa fécondité. Noble désintéressement, qui montre en elle une digne fille de l'Évangile à la fois et de la Genèse.

Alexis, devenu garde national, comme nous l'avons dit, par droit d'aînesse, chef de famille et charcutier maître, ne se contenta pas de ces trois grandes obligations positives. Il sut y joindre, tant étaient multiples et puissantes ses aptitudes, trois autres occupations non moins laborieuses et en apparence des plus incompatibles. Il mena de front, par conséquent, et à grandes guides, une demi-douzaine juste de professions difficiles et hétérogènes; supérieur aux anciens conducteurs de quadriges dans la carrière olympique, dans le rapport de 6 à 4 exactement.

Voici quelles étaient, en plus de ses devoirs d'obligation, ses trois distractions utiles et honorables:

Tantôt, à l'époque de nos grandes guerres, il s'en allait travailler, armurier volontaire, à l'arsenal du Château, dans les entre-deux de son industrie culinaire; contribuant le même jour à défendre la patrie et à la nourrir. En changeant de matière et d'outillage, Transon ne changeait pas de génie. Son frère Pierre, pendant ce temps-là, tombait noblement à Austerlitz. Or, qui sait si le fusil qui fut son vengeur n'eut pas sa batterie et son canon forgés précisément par les mains d'Alexis? Du moins, celui-ci trouvait-il dans le progrès même de son habileté une première récompense digne de son zèle. Car elle fut telle, cette habileté au maniement du marteau et de la lime, qu'il put dans la suite se faire, à lui tout seul, différents chefs-d'œuvre de forge; entre autres, une serrure dont les gens de goût n'admiraient pas moins le style que les gens de métier l'exécution, serrure-fantaisie fermant sans clous ni vis son cabinet-sanctuaire. Contournée et modelée en forme de chimère, en forme de dragon fossile, elle tenait au bois de la porte par le seul effet de ses ailes, de ses griffes et de sa queue à replis. Un élève de Benvenuto l'eût signée. Les Huret-Fichet de Nantes en auraient pris je ne sais combien de brevets ; et, par l'indécrochetable jeu de son pêne, elle eût forcé à la vertu et au respect de la propriété tous les héros d'Eugène Sue, tous les lions de la *Pègue.*

Tantôt, retiré dans ce cabinet-sanctuaire dont je viens de parler, Transon philosophe, de charcutier et forgeron qu'il était tout à l'heure, méditait sur *l'humanité* ; sur sa nature, sa destinée et son assiette. Il la trouvait *triste.* Il la décomposait en *six grands corps,* ou plutôt la constatait toujours composée de six groupes *naturels,* qu'il voyait fonctionner chez tous les peuples, en variation d'office et d'importance. Rival, à son insu, dans une nouvelle science qu'on appelle *philosophie de l'histoire,* des plus illustres généralisateurs, Vico, Bossuet, Turgot, Condorcet, Herder, Fabre d'Olivet, Saint-Simon, Hegel, Buchez, etc., aux synthèses desquels il ajoutait la sienne.

Tantôt enfin, Alexis, nargué de la foule, mais bien

venu des revendeuses, s'en allait de rue en rue, arrachant au vandalisme de la friperie nantaise mille et mille objets d'art et d'étude, de luxe et d'industrie, de curiosité et d'antiquité; richesses de toute nature, dont, sans lui, le néant eût fait sa proie, dont, sans lui, la société se serait appauvrie. Chose étrange ! la société est ainsi faite que souvent elle ruine ceux qui l'enrichissent, et que plus souvent encore elle enrichit ceux qui la ruinent. Combien de millionnaires parmi nos grands faiseurs de fausse industrie, parmi surtout les recéleurs, actionnaires, affiliés et gérants de l'ancienne *bande noire;* tels que, par exemple, les marchands de soi-disant meubles à la mode : malheureux qui, si justice était de ce monde, devraient au contraire être châtiés pour avoir, depuis 50 ans, infesté nos intérieurs de vilaines nouveautés de leur fabrique, sans goût et sans durée, 1.er crime; et, 2.e crime, pour avoir, pendant le même temps, dépouillé ces mêmes intérieurs, comme de rebuts bons à détruire, d'ameublements gracieux, de décors charmants, d'ornements pleins de goût, d'objets d'art véritables enfin, tels que leurs devanciers, si habiles et si humbles, les dessinaient et les inventaient pour nos pères, si élégants et si polis.

Dois-je faire observer que ces triples et honorables distractions de l'armurier patriote, du philosophe historien, du collécteur antiquaire, n'empêchaient point Alexis, *propre à tout*, d'exceller dans sa *partie*, c'est-à-dire, dans la confection d'excellents *cervelas, du veau braisé,* des *langues fourrées* et du *pâté de tête aux truffes.* Au contraire, que de fois, le dimanche matin, disent nos vieilles ménagères, nous avons été obligées de faire queue à sa table-comptoir, chargée de choses *fumées fumantes*, *roustisseries roustissantes* (Pantagruel). Si l'on veut une autre preuve de son talent et de sa vogue, qu'on sache que, de bonne heure, il s'était fait de deux à trois mille francs de rente de bénéfices purs; purs, c'est-à-dire, sans tricher sur ses balances, sans sophistiquer ses produits, sans surcharger ses mémoires, sans provoquer même, que je sache, beaucoup de gastrites concitoyennes.

Mais est-ce bien à moi, docteur, de le féliciter de ce dernier mérite! N'y a-t-il pas quelque proverbe qui dit : *Cuisiniers, médecins et fossoyeurs doivent se passer le client*, *Inter se vitaï lampada tradunt?* Absolument comme les coureurs des panathénées. — Ce qui est positif, c'est que si l'officine culinaire de Transon, sous le rapport de nos estomacs, se distinguait de celle de ses confrères, il y aurait dans ce fait vraisemblable l'explication d'une énigme que je me suis souvent posée en vain ; savoir : Pourquoi ces messieurs du jambon n'ont-ils rendu aucun honneur funèbre à leur illustre doyen?

Pourquoi cela... oh! que du moins la rivalité s'efface devant la tombe! Qu'ils joignent aujourd'hui, quoique un peu tard, leurs efforts aux miens contre une obscurité imméritée! Que sans quêtes ni sans souscriptions, ils dressent à leur vénérable confrère un monument de reconnaissance plus durable que l'airain, plus glorieux qu'une mention dans nos Annales, plus simple qu'une épitaphe! Déjà un de leurs produits a reçu, de quelque circonstance historique sans doute, le joli nom de *galantine*. Que le nom de *transonine* soit donné à un autre, à quelque andouillette par exemple; pour avoir dans deux mots différents même désinence et même euphonie. En piquant, au moyen d'une blanche étiquette, le mot nouveau sur la chose désignée, on le fixera bien vite dans la pensée des clients; et à l'intérêt du défunt se joindra alors l'intérêt de la profession, se joindra jusqu'à l'intérêt du pays lui-même. On dira dans la suite avec honneur les *transonines de Nantes*, comme on dit depuis des siècles les *saucissons de Lyon*, les *pâtés de Pithyviers*, le *fromage d'Italie*, et surtout les *rillettes de Tours;* voyez pour ces dernières leur éloquent éloge par M. Michelet, *Histoire de France*, volume de l'introduction.

J'ai dit que Transon n'avait point été tenté d'obéir à la loi d'ascension moderne, qu'il avait dédaigné d'user pour sa personne du fameux article III de la Charte proclamant l'universelle candidature; qu'il n'avait point, par exemple, demandé à être préfet sur ses vieux jours. Hélas, il ne songeait même pas, comme les plus modestes, à passer de son rez-de-chaussée mercantile dans une villa fashionable, ou dans un nobiliaire hôtel de faubourg, sans autre préoccupation désormais que d'être électeur et éligible, président de société horticole, providence du malheur, et surtout père des ouvriers. Non. — C'était son droit cependant, me direz-vous, puisqu'il avait environ trois mille livres de rente en bons placements ou en biens-fonds. — C'est vrai; mais il savait, depuis son apprentissage culinaire, que

De tout laurier un poison est l'essence;

du laurier de la gloire et de la philanthropie, comme du laurier sauce : et s'il n'a jamais usé de celui-ci qu'avec précaution, il n'a jamais voulu cueillir l'autre.

Qui non laborat non manducet, voilà le mot de saint Paul que, sans songer aux lois de septembre, il répétait souvent en français: Qui ne travaille pas n'a pas le droit de manger. Précepte ultra radical et subversif des droits que tant de gens tiennent de leur naissance ; et qu'il faisait mieux que d'exprimer du bout des lèvres, car il l'a *pratiqué* jusqu'au dernier soupir. Oui, jusque dans son extrême vieillesse, son travail manuel lui a constamment valu *nourriture, vêtement et logement assurés.* Ses revenus sont restés en conséquence intégralement disponibles, et voici l'emploi et le partage qu'il en faisait :

1.º Une part allait en secours, cadeaux, avances à ses nombreux parents, frères et sœurs, neveux et nièces.
2.º Une autre part, la plus grande de beaucoup, en achats incessants de matériaux archéologiques. Or, l'objet final et pratique, si je ne me trompe, de ces derniers achats, était de donner à sa pensée philosophique une expression visible, palpable, matérielle. Dans ma conviction, le philosophe inspirait l'antiquaire, comme le *mens agitat molem;* la *collection* était au service du *système, ancilla domini.*

Terminons notre 1.ᵉʳ point par une lettre dont la minute est bonne, ce me semble, à reproduire ; lettre que Transon adressait à un ami inconnu :

« Monsieur,

» Ma situation est bien singulière. J'avais tout prévu.
» Cent louis de rente. Argent de réserve, espèces moné-
» taires, signe représentatif (le style sent la profession, il
» est haché menu), prêt à vendre mon four, à louer ma
» boutique, à me livrer à mes goûts sans obstacle, à

» mon plan sans interruption (son plan de philosophie
» historique), proportionnant ma dépense à mon revenu;
» nourriture, vêtement et logement assurés. Vivant comme
» un vrai curé, moins le bréviaire, avec une domestique
» pour faire ma chambre.

» Tout allait à merveille. Instabilité des choses hu-
» maines! Je reçois une lettre de Dunkerque qui m'an-
» nonce la mort de mon frère, et la veuve avec deux en-
» fants. On s'embarque, on arrive chez moi.... On paie
» (on, 3.e personne à la place du je; amphibologie char-
» mante de délicatesse), on paie le passage, et l'on fait,
» en pareil cas, ce que l'on doit faire : éducation, reli-
» gion, état, et le reste... A présent, ma domestique se
» marie et me laisse à choix de savoir si je le ferai moi-
» même ou si je ne le ferai pas, ne pouvant faire les
» deux à la fois. C'est là que j'en suis.

» Encore si j'avais, comme de votre temps, des ama-
» teurs distingués pour connaissance : mais la Parque a
» coupé le fil aux uns, les autres sont partis en voyage;
» et vous, monsieur, vous n'êtes plus dans notre bonne
» ville de Nantes. Elle s'embellit pourtant tous les jours
» d'édifices dans le meilleur genre; si bien qu'on pourra
» dire qu'il n'y a qu'un Dieu, qu'une France, et qu'une
» ville de Nantes.

» Je continue mes livres d'estampes. J'en suis au *groupe*
» des artistes et à la classe des filles de joie. Je voudrais
» pouvoir vous montrer quelques tableaux que j'ai acquis
» depuis votre absence; surtout un Watelet qui a été co-
» pié par plusieurs de nos amateurs, qui me rendent visite.
» J'ai eu celle de M. Jacobsen, maire de Noirmoutiers;

» d'une dame anglaise avec un beau petit chien, ma foi !
» d'un épicier qui n'est pourtant pas un sot ; de M. le
» préfet et de son secrétaire particulier ; M. de Villeneuve,
» qui n'a pas dédaigné de se transporter dans mes petits
» cabinets. D'après les rapports qui m'ont été faits, ils
» n'ont pas été vus d'un très-mauvais œil. Pensez de ma
» confusion, me trouvant dans la classe laborieuse ; —
» classe utile à la vérité, mais qui n'est guère à sa place
» quand elle aime les plaisirs des grands.

» J'espère être un jour plus heureux ; illusion menson-
» gère et trompeuse. Et vous aussi, monsieur, daignez
» avoir la bonté de me répondre avec les respects et l'af-
» fection   de votre très-honoré serviteur.

» A. TRANSON. *Fecit.* (Sic). »

Langue et grammaire, dans cette lettre, sont un peu
trahies. Mais le cœur l'est bien davantage. « Les savants
s'entendent mal au style familier, a dit Voltaire, comme les
grandes danseuses font mal la révérence. » Je dis, moi, que
Transon égale ici Mme de Sévigné ; avec ce mérite en plus,
qu'incontestablement lui n'a point compté sur l'indiscrétion
du hasard, ni posé indirectement devant la postérité. Tout ce
qu'il est et qui il est, on le voit ici nettement et naïvement.
Parent généreux, patriote enthousiaste de sa bonne ville
de Nantes, excellent ami, artisan humilié d'aimer les plaisirs des grands, penseur frappé du triple pléonasme des
illusions mensongères et trompeuses ; — avouez que je ne
pouvais pas achever mon premier point par un coup de
pinceau plus heureux, puisqu'au dire de Buffon, le style
c'est l'homme.

II.ᵉ POINT. — Transon philosophe et historien.

Je ne vous apprendrai pas, Messieurs, que l'esprit conservateur, excepté dans cette enceinte, s'allie toujours fort mal avec la manie d'écrire et de se faire imprimer. La haine du livre lui est tout à fait naturelle. Montaigne et Nodier étaient dominés de cet esprit quand ils disaient avec désespoir, le premier : « L'écrivaillerie est symptôme de siècle débordé ; » le second : « La civilisation arrive à la plus
» inattendue de ses périodes, à l'âge du papier. Le livre
» imprimé n'existe que depuis quatre cents ans, et il s'accu-
» mule déjà dans certains pays de manière à mettre en pé-
» ril l'équilibre du globe. » C'est encore à ce même esprit conservateur qu'on doit un inquiétant calcul ; savoir : Que, de même que Manchester peut fabriquer, en fait de cotonnades, dans une seule année, de quoi vêtir le genre humain, de même la France imprime, à ce qu'il paraît, toujours dans une seule année, de quoi mettre le royaume sous enveloppe. En chiffres nets, 264 millions d'in-8.º (*Revue des Deux Mondes*, octobre 1847.) Quel budget monstrueux de phrases ! quel Chimboraçaô de volumes ! Que ferait donc l'Europe dans la longueur d'un siècle ? La production des céréales finira par être impossible avec le *progrès*, les bibliothèques menaçant de couvrir littéralement le sol.

Transon conservateur ne pouvait pas vouloir ajouter à ce fléau de la librairie. Loin de là, il l'a diminué toute sa vie et de toutes ses forces. Il a déchiré, par antipathie politique non moins que par nécessité de métier, et pour empaqueter ses pesées, des milliers et milliers d'ouvrages. Quel vaudevilliste à la vapeur, quel romancier en commandite, quel académicien agronome eût égalé sa fécondité, sa graphorrhée, s'il eût été animé de sentiments contraires ?

Un seul portefeuille, petit in-4.º, est donc resté à ses héritiers, qui me l'ont généreusement confié. Il renferme le peu de manuscrits dont il est l'auteur. Ces manuscrits se composent de petits carrés de papier à chandelle, carrés ou rectangles ou trapèzes; de petites feuilles volantes très-inégales et très-irrégulières, sur lesquelles sont hâtivement jetées, dans un plan difficile à soupçonner, des pensées sans nombre sur tous les graves sujets de la spéculation humaine. Chaque fragment est daté avec soin, je l'ai déjà dit, de son millésime et souvent de son quantième. On va voir que de ces seules miscellanées pourrait au besoin s'extraire le système philosophique lui-même, comme une statue de son métal en fusion.

Je prends au hasard et cite sans ordre. Si je touche au texte, ce n'est que comme on touche à une trop luxuriante chevelure pour la débrouiller; la chute d'un peu de phraséologie parasite ne nuira point, du reste, à la fidélité de la forme ni à l'exactitude de la pensée.

« I. (20 mai 1825.) Lorsqu'on veut inspecter tous les
» travaux des hommes et les analyser, on n'est pas long-
» temps à s'apercevoir qu'il n'y a que les trois règnes de la
» nature qui les agitent. Soit qu'ils se nourrissent, ou s'ha-
» billent ou se logent, c'est toujours aux dépens des ani-
» maux, des plantes et des minéraux. Mme Astruc est belle
» sur la scène, dans la rue et en tête-à-tête, dit-on. Com-
» bien de victimes innocentes et de meurtres dans sa mise

» et ses fantaisies. Son savon de toilette une graisse de dé-
» funt; son sucre, raffiné avec des os de mort; son ravissant
» portrait, poussière de cadavres.

» II. (Novembre 1819.) Souvent j'ai vu jouer au billard :
» ces billes, ou boules d'os de mort qui courent sur le ta-
» pis, se heurtent, se blousent, sautent par-dessus les
» bords; c'est moi, c'est lui, c'est nous dans le commerce.
» Tant pis pour qui se blouse, ou même fait le saut par-
» dessus les bords : c'est qu'il a reçu de plus fort que lui
» un coup de queue; vlan! avec ou sans procédés.

» III. (9 août 1821.) De toutes les cellules de notre
» cerveau, et il y en a trois, si trois il y a, car je ne veux rien
» garantir; de toutes les chambres enfin et cabinets où
» l'âme se promène du soir au matin, celle où je la vois et
» crois voir entrer plus fréquemment, c'est le petit cabinet
» de la folie et de la sottise. Pour moi, il me paraît affli-
» geant de voir auprès de soi des êtres qui n'ont qu'une
» misère continuelle. Sans cela j'aimerais à rire le matin,
» chanter l'après-midi, et être encore gai le soir : parce
» que les extravagances de l'espèce humaine ne sont, au
» fond, qu'une suite d'évolutions et révolutions où elle est
» stimulée sans cesse et sans en connaître jamais la cause.

» IV. (Février 1823.) Tout fait maille dans la chaîne des
» êtres, ainsi que dans le filet de la société. Le gendarme
» prend un assassin : le geôlier l'enferme; l'avocat prouve
» qu'il est honnête, le juge le condamne, le prêtre le con-
» fesse; l'exécuteur le guillotine, le médecin le dissèque,
» le croque-mort l'enterre; l'imprimeur tire le jugement
» et la complainte; le libraire la vend; le colporteur la dis-
» tribue; la foule s'en amuse et la lit; tout le monde

» trouve son compte pour un seul qui n'a pas trouvé le
» sien, l'assassiné, ou ne l'a pas trouvé bon.

» V. (Sans date.) J'avais encore la démangeaison de four-
» nir des paroles; et pendant les vingt-quatre heures par
» jour qui me sont données pour y satisfaire, je bavardais
» une fois sur la disparition des générations. — Le peu-
» ple, disais-je, est le jouet de la politique; et l'homme, un
» jouet dans le tourbillon de l'univers. Je pris une jointée de
» sable. J'en fis *six tas* par grosseur de grains, représen-
» tant les six groupes naturels et permanents dans la so-
» ciété. Un coup de vent arrive par la fenêtre, et détruit
» tous ces tas de sable. Je me remis à les faire, en disant,
» sans vouloir ramener les autres à mes principes, mais
» moi seul à l'équilibre : Toutes les molécules se révolu-
» tionnent sans se perdre. Où sont les vivants de 1600?
» Dans les vivants de 1700; et des éléments de ceux-ci
» sont composés ceux de 1800. Le sang tourne dans le
» corps. De même, la mort et la vie dans la nature. Tout
» fait cercle. Le ver est mangé par l'oiseau, l'oiseau par
» l'homme, l'homme par le ver, qui devient plante, qui de-
» vient insecte, qui devient oiseau, qui devient homme,
» qui devient poussière, fumée, vapeur, et qui recom-
» mence le ni vu ni connu, comme au manége un cheval
» aveugle.

» VI. (Sans date.) Les livres de la science, et la science
» des livres est faite pour la classe des propriétaires. Pauvre
» peuple ou peuple pauvre, ne disputons pas sur le mot,
» écarquille les yeux, tu ne verras rien dans les mystères
» des initiés, qui sont difficiles à atteindre et à porter pour
» qui n'a pas *nourriture, logement* et *vêtement* assurés.

» Heureusement que tout finit par *ci-gît*. La majesté des
» empereurs et la canaille, tout finit par *ci-gît*. Salomon
» l'avait entendu dire à un autre.

» VI. Pour se nourrir, l'espèce humaine égorge en riant
» et assassine avec préméditation quadrupèdes, oiseaux,
» poissons, reptiles, porcs, bœufs, cannes et poulets ;
» elle ne dîne et ne soupe que de cadavres : et après, il
» faut voir, entre les deux sexes, les délicatesses de senti-
» ments, les grâces de langage, les émotions de la ten-
» dresse.... De quelles particules prises à combien d'espèces
» animales se composera le petit individu qui va en résulter ?
» De combien de sucs de fleurs l'abeille fait-elle son miel ?
» Nous n'en savons rien tous, ni moi non plus.

» VII. (25 avril 1827.) Philosophes et prêtres, vous
» vous entendez, quoique vous ne vous entendiez pas. Je
» m'explique. Les uns par la conscience du bien, les au-
» tres par l'espoir du ciel, vous dites : Pratiquez la vertu.
» Les filles de la rue du Bignonestat disent : Il faut d'abord
» vivre, ainsi que les gens de même commerce, les va-
» gabonds, les mendiants, les souffre-misère. Puisqu'il y
» a trop de bouches à nourrir au râtelier, il faut bien
» s'entr'arracher les morceaux. En termes vulgaires et
» même crapuleux, il faut mener jusqu'au bout sa chienne
» de vie comme on peut. La vertu exige des rentes. Les ren-
» tiers qui pratiquent le vice, devraient aller aux galères ;
» les non-rentiers, être traduits seulement en police cor-
» rectionnelle. Mais pas de ça : égalité après, inégalité
» avant; sans quoi ça troublerait *l'équilibre de la poli-*
» *tique.*

» VIII. (Mai 1824.) Il semble qu'une belle femme soit le

» terme de nos désirs et de nos travaux. Une femme ins-
» truite qui marche, c'est un poème ou un roman qui nous
» accompagne en promenade; au repos, c'est une statue
» qui varie ses attitudes, une peinture qui bouge et se
» retourne dans son cadre; chante-t-elle, c'est une lyre
» vivante, une guitare animée : voilà pourquoi le regard
» d'une femme a produit des miracles dans l'histoire et
» surtout dans la *fable*.

» IX. (Sans date.) Je ne sais s'il est sage de rire ou de
» pleurer, ou de n'en rien faire, ou de faire comme on
» voudra, en voyant les passe-temps secrets et les caprices
» de la cheville ouvrière; c'est-à-dire, les folies du petit
» Cupidon, et les joies cachées de la *triste humanité*.
» Pour moi, j'ai bien cherché quel était le bonheur; et,
» sans convertir personne à mes principes, voici ce qui
» me convient, à ma manière de voir : De la santé, de
» l'argent, beaucoup d'ordre, du savoir, une probité à
» toute épreuve, une soumission entière aux lois du pays
» où l'on est, prendre les femmes pour ce qu'elles sont,
» le temps comme il vient, et vivre un peu à l'écart des
» importuns et des sots; c'est-à-dire, pour ce qui est des
» derniers, du 1/3 plus du 1/4, avec un demi 1/4, si
» j'ai bien su compter.

» X. (24 juillet 1829.) L'absolu de la philosophie.
   » L'attraction de la physique.
   » Le droit du peuple en politique.
   » La médecine panacée.
   » Le mouvement perpétuel.
   » La quadrature du cercle.
   » Le calcul des longitudes.
   » Le tout presque impossible.

» XI. Les sots sont ici-bas pour nos menus plaisirs. Une
» mouche s'agitait dans mes cabinets. Elle voulait en sortir
» et bourdonnait, cherchant quelque morceau de chair
» à ses œufs et à sa ponte. Il me vint une idée. De même,
» me dis-je, un butor qui vient dans mes galeries et dé-
» pôts de curiosité. Il fredonne et chantonne, et n'est point
» à son aise. A toutes ces choses qu'il voit, il préfère
» l'endroit où il est en coterie. Il aimerait mieux être là
» à casser une croûte, qu'à inspecter ici mes tableaux.

» XI. On me demandait un jour, pour passer le temps, si
» je connaissais un homme sans défaut, un homme comme il
» y en a sur les épitaphes : bon père, bon fils, bon citoyen,
» bon époux. Mais sans doute, répondis-je. Cherchez-le
» dans l'église, le dimanche, après vêpres ; vous le trou-
» verez à Complies. Je me mis à rire, et de cette manière
» on quitte la société sans offenser personne.

» XII. La longévité des patriarches de la Bible a bien
» embarrassé quelquefois les savants ; mais pas moi. Je me
» charge d'expliquer l'énigme si l'on me donne pour la
» chercher le temps qu'a vécu Mathusalem.

» XII. Voici mon opinion sur la prise de la robe nubile,
» ou première communion, chez les catholiques, à l'âge
» du troisième lustre, un peu en deçà, un peu au-delà,
» n'importe. A ce moment, la jeunesse éprouve le certain
» *je ne sais* quoi. Il faut l'en divertir par l'amour céleste
» comme frein à la population, de peur que le nombre
» des bouches à nourrir n'excède le produit du terri-
» toire.

» XIII. (Sans date.) A considérer toutes les sociétés de
» prêtres qui se trouvent sur la surface du globe, puisqu'il

» faut, d'absolue nécessité, des prêtres pour le service so-
» cial, le prêtre catholique, instruit de ses devoirs, sans
» préjugés, qui abandonne l'intolérance, est celui qui
» convient le mieux. Son culte admet les sciences, l'élo-
» quence, les arts libéraux. Tout s'y fait avec décence ;
» Dieu y est adoré en esprit en dessous des symboles et
» allégories antiques.

» XIV. *Pour mettre aux pieds du Christ :*
Avant lui, depuis lui, il n'a paru rien au-dessus de lui.
Qui que tu sois, regarde et réfléchis.

» XV. (22 juillet 1818.) Donnez du pain et du vin à un
» enfant de 18 pouces, et vous en faites un homme. Le
» pain et le vin sont devenus chair et sang. Il y a eu
» *transubstation* (sic). L'estomac a donc fait ce que fait
» Dieu dans le mystère des prêtres. Ce mystère n'est donc
» pas impossible.

» XVI. (Mars 1826.) Les cornemuses, les coquilles à
» volute, les traquenards, les cornes à bouquin du Mer-
» credi saint, à Ténèbres, peuvent signifier bien des choses :
» soit le cri de la création, à la mort d'un Dieu ; soit la joie
» d'en être quitte avec l'hiver de la nature; soit les fian-
» çailles universelles et les mariages humains, au printemps
» qui s'avance ; soit encore...., car je pourrais conjecturer
» sans fin sur l'origine de cet usage, comme sur l'intérieur
» des pyramides. Le culte des cornes est plus ancien que
» Jupiter Ammon, et il existera longtemps encore.

» XVI. Les trois Mages signifient l'Afrique, l'Amérique
» et l'Asie, comme le massacre des innocents signifie le
» massacre des enfants chez les anciens, par crainte d'excès
» de population. Hérode est le dernier des Saturnes et

» des ogres infanticides. Mais, quand on ne tue plus, il
» faut des eunuques et des monastères. Quel triste repas
» pour Saturne, jadis mangeur d'enfants, à présent que
» celui d'une abbesse coriace, d'un cénobite maigre et
» blême, d'un moine à la saint Jérôme! Riez, rieurs; vous
» serez victimes, et non victimeurs.

» XVII. *Pour mettre à la porte d'un séminaire :*
» Ici les élèves du nénuphar apprennent à être les
» maîtres de la belle moitié du genre humain, en appre-
» nant à s'en passer.

» XVIII. *Pour mettre à la porte d'une caserne :*
» Ici on apprend à couper la chair humaine propre-
» ment, pour l'équilibre de la politique.

» XIX. (4 mai 1826.) Je me promenais avec un Anglais,
» ex-militaire et de distinction. Nous nous rendions, je
» crois, vers la prairie de Mauves. Il me demande : — A
» quoi ressemble un bataillon sous les armes et qui mar-
» che ; une colonne de soldats en mouvement, à quoi cela
» ressemble-t-il? — A ce mur de jardin hérissé de verres et
» de culs de bouteille, lui dis-je. — Il fut étonné. — Votre
» remarque n'est pas tout à fait juste, reprit-il. La colonne
» de soldats qui marchent ressemble à une chenille, à une
» énorme chenille velue et rampante, et dardant ses poils.
» — C'est vrai, repris-je, et il continua : — Après elle,
» tout meurt sur son passage, tout se détruit et languit :
» fleurs, plantes, haies, arbustes, légumes. Comme la
» gloire des soldats et le résultat des guerriers, c'est la
» destruction des maisons et des villages, des bourgs et
» des récoltes.

» XX. (Sans date.) Cloche de verre au Saint-Bruno d'i-
» voire acheté 4 fr. à la vente de Mgr. Duvoisin. — Lot

» de gravures de M. Charette, pour échange. — Visite
» de Madame Michel et de sa gouvernante à mes petits
» cabinets. Autre visite d'amateurs et amatrices. Don à
» M. *** de l'objet antique qu'il m'a demandé.

» XXI. (26 juillet 1818.) Voici un paysan qui juge sa
» ruche pleine de miel et de cire. Vite un peu de soufre
» et un peu de fer, et il détruit des milliers d'individus
» dans le peuple d'abeilles. De même un général d'armée :
» pour lui, les maisons d'une ville sont des alvéoles de cire
» et de miel. Mêmes matériaux de destruction et de car-
» nage : du fer et du soufre, et le peuple d'abeilles, ou
» classe laborieuse, la gobe.

» XXII. (Sans date.) Les moteurs de révolution ressem-
» blent à des oisifs comme j'en connais. L'un d'eux s'en
» va par la campagne, bâillant, crachant, s'ennuyant, se
» mouchant, prenant du tabac s'il porte tabatière, ou
» n'en prenant pas. Tout à coup il aperçoit une fourmi-
» lière paisible et laborieuse. Que fait-il ? Il se met à la
» troubler de fond en comble avec sa canne. Admirez la
» prouesse ; sa canne a de l'or à un bout et du fer à l'au-
» tre : avec ces deux choses, ce n'est pas difficile de ré-
» volutionner les hommes comme des fourmis.

» XXIII. Encore quelques idées vagabondes ; et, pour
» empêcher qu'elles ne s'envolent, fixons-les au moyen
» d'une plume arrachée d'un volatile.

» Au commencement, les hommes vivaient de chasse
» et de labourage. Figurez-vous une lieue carrée, ou une
» île de même grandeur. Bientôt la chasse, dans cette île
» ou lieue carrée, épuise de gibier les forêts, de poisson
» les lacs et les rivières. D'autre part, la culture ne peut

» forcer la terre à multiplier la semence, et Cérès à faire
» le miracle des pains plus qu'il ne lui est permis. La
» lieue carrée devient alors, par l'accroissement du nom-
» bre d'habitants, une $1/2$ lieue, un $1/4$ de lieue; enfin un
» arpent. En conséquence, il fallut d'abord des moyens
» de refréner la population : de là, les prêtres, les cultes,
» les religions, les révélations; il fallut ensuite des moyens
» de contenir les non-possédants, et les forcer au respect
» de la propriété : de là, une armée, des soldats, des juges,
» des avocats, des rois, des cours, des législations, des
» tribunaux. »

Messieurs, ces XXIII pensées, détachées de la masse, la résument assez bien. Elles vous donnent suffisamment l'idée des trésors inouïs d'érudition, de méditation, d'invention et de divagation du philosophe. Son système étant de tout cela la formule dernière et suprême, il me tarde de le produire. Mais une citation encore. Je lis dans un brouillon de correspondance anonyme :

« A quoi sert donc, au temps qui court, de crier con-
» tre des pouvoirs qui existent depuis des myriades de
» siècles? — En chronologie, Transon croit aux myriades
» de siècles, avec les Chinois et les géologues. — Qu'il est
» malheureux pour les peuples, en même temps que pour
» tout le monde, quand des novateurs se mêlent de dé-
» faire *les trois qui n'en font qu'un;* quand les prêtres, les
» magistrats, les militaires, veulent rompre leur conni-
» vence. Toute la société revient à l'âge de fer. Triste ré-
» flexion, mais qui se trouve de la plus grande vérité! »

C'était peut-être à l'époque de quelque haut monopole gouvernemental, de quelque dictature à la Robespierre ou à la Napoléon, qu'Alexis proclamait ainsi avec courage la nécessité d'équilibrer l'action souveraine en la partageant par tiers ; de composer, selon l'expression oubliée de Jean Bodin, *une république meslée des trois*. L'Assemblée constituante méconnut ce principe, elle qui n'admit rien entre l'élection populaire et l'hérédité royale. Sieyes fut tout aussi imprudent dans sa constitution projetée de l'an VIII. Ne voulait-il pas concentrer le pouvoir dans son grand *proclamateur électeur*, à l'égard duquel, il est vrai, un *jury constitutionnaire* était armé du *droit d'absorption*. Ce qui fit que le premier consul absorba tout, théoricien et théorie, quitte à se faire absorber lui-même par les cosaques et les idéologues en 1815. Voilà ce que c'est que de ne pas reconnaître l'éternel symbole du gouvernement, de la justice et du commerce ; la balance ou triangle d'équilibre, le glaive, le culte et la loi ; ou, d'une manière plus concrète, comme aujourd'hui, le plateau dynastique, le plateau populaire, et la Chambre des Pairs, partie intégrante du fléau, aiguille indiquant le côté le plus fort, et ne penchant jamais de l'autre.

Qu'est-ce qui a dit qu'un homme de génie, c'est un système vivant. C'est surtout un système complet. Tel était Transon : sa théorie du gouvernement et sa théorie de l'humanité n'en faisaient qu'une.

« Il y a une trinité politique, écrivait-il le 14 juillet
» 1825 ; c'est-à-dire, tous les peuples ont été, sont, ou
» seront commandés et conduits par les prêtres, les mi-
» litaires, ou les magistrats. Triangle dont le chef, ou

» point de centre, ou pivot huilé de la sainte ampoule,
» se dit lieutenant de Dieu. »

Cette trinité inscrite gouverne, et cela pour le plus grand avantage universel, une trinité ambiante, celle des travailleurs *manipulant les trois règnes,* et qu'il appelle masse laborieuse, classe payante, ou peuple d'abeilles.

Au verso d'une quittance de 42 francs pour intérêts échus d'un billet de 700 francs, *signé* Transon, je trouve de sa main le tracé géométrique suivant :

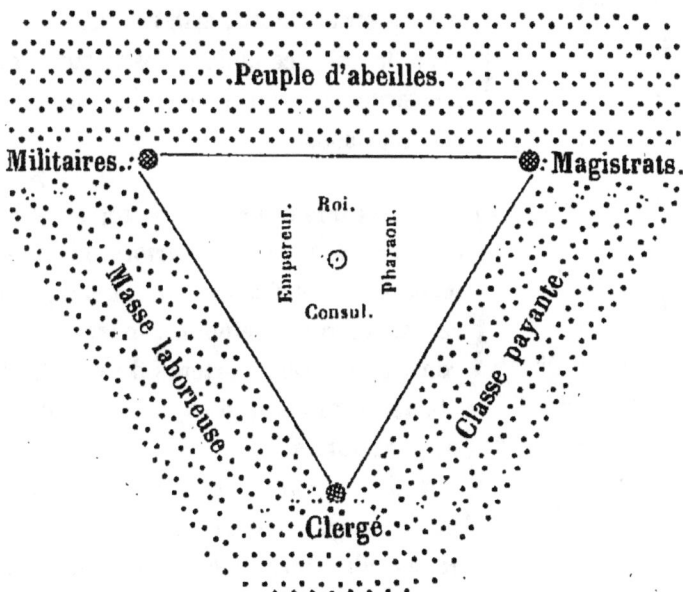

Rien de plus facile maintenant à saisir en peu de mots, que la théorie transonnienne dans sa formule intégrale.

Selon cette théorie, la société humaine est une pluralité qui s'engendre dans l'unité, de manière à offrir à toute époque et chez tous les peuples le tableau suivant :

TRISTE HUMANITÉ.

I. Classe gouvernante, illustre, sacrée, ou oisive.

1. Les prêtres, sorciers, mages, prophètes, clercs, lévites, — avec tous les formulaires de prières, bible, coran, king, védas, religions, dogmes, mystères, morales et cultes.

2. Les rois, nobles, patriciens, militaires, gentilshommes, kshatryas, planteurs coloniaux, — avec la force, l'épée, les corps de garde, et tous les emblèmes et instruments quelconques de la puissance matérielle.

3. Les magistrats, savants, littérateurs, juges, enseigneurs, artistes, geôliers, — avec la loi, les codes, les tribunaux, la jurisprudence, la science, les beaux-arts et les prisons.

II. Classe payante, laborieuse, ou peuple d'abeilles.

1. Les travailleurs sur le règne minéral, casseurs de pierres, ouvriers en métaux, manipulateurs des eaux et du sol, laboureurs, marins, mineurs, maçons, forgerons, lapidaires, porteurs d'eau, plâtriers, étameurs de casseroles, marchands de tripoli, et autres.

2. Les travailleurs sur le règne végétal, ou fendeurs de bois, vignerons, herboristes, ébénistes, meuniers, filateurs, jardiniers, tisserands, boulangers, et autres.

3. Les travailleurs sur le règne animal, ou coupeurs de chair, bouchers, éleveurs, bergers, tanneurs, cocassiers, chamoiseurs, bottiers, drapiers, charcutiers, et autres.

Les coupeurs de chair humaine, ou soldats, s'ennoblissent à faire la chose proprement, et montent, en se déclassant, dans les rangs supérieurs, quand ils n'y sont pas nés.

Voilà, Messieurs, selon Transon, dans son plan de section verticale, les six couches successives que présente toujours et partout le terrain de la société humaine. Voilà les six groupes naturels plus ou moins subdivisibles, les six classes échelonnées et permanentes, réciproquement hostiles et nécessaires, bouleversées souvent par des cataclysmes comme la Révolution française, mais cataclysmes temporaires, après lesquels la superposition se rétablit forcément, ainsi qu'elle le fait pour l'huile, l'eau et le vin dans le *vase aux trois liqueurs*.

Transon n'avait pas été sans creuser le sol métaphysique, pour y asseoir à toute profondeur sa pyramide, sa *théorie de la permanence*. « Ce que je pense, dit-
» il dans un de ses petits papiers manuscrits, ce que
» j'ai pensé, et ce que je penserai toujours, à moins que
» je ne change, le voici : Je dis et je maintiens que le
» Fils procède de l'Esprit, et que l'Esprit procède du Père,
» ou de Dieu créateur ; et que, tout bien considéré, ces
» trois essences n'en font qu'une. Je dis cela avec les initiés
» à la génération universelle, ou dogme du Verbe, et ces
» initiés savent si j'ai tort ou raison. » Qui ne sent qu'il y a ici, dans ce concept théologique, une allusion de haute physiologie sociale. En développant le mythe, on comprend que l'argumentation de Transon signifie :

La société humaine, ou triste humanité, moyen terme entre Dieu et la nature, fait face aux deux. — La moitié supérieure fait face au ciel et réfléchit le pouvoir divin dans son unité trinaire. Le prêtre, le roi et le juge, identiques d'essences, sont dans la direction sociale ce qu'est dans la direction des mondes Dieu en trois personnes, le Père, le Fils et le Saint-Esprit. — La moitié inférieure fait face à la terre et réfléchit les énergies brutes de la création ; les trois groupes de la masse laborieuse correspondent aux trois règnes de la nature. Trinité de groupe rentrant par la dualité de classe dans l'unité d'espèce.

La *science des nombres* apporte donc ici elle-même sa part de lumières, non-seulement à cause des chiffres cosmogoniques 1 et 3, mais en ce que les parties de la synthèse *humanitaire* sont susceptibles d'une équation algébrique avec les parties de la synthèse *universelle*. On peut dire : Dieu est à la nature comme la classe illustre est à la classe laborieuse, etc.

Mais c'est surtout la *philosophie de l'absolu* qui fraternise bien avec la pensée transonnienne par son principe fondamental, que vulgarisa Jacotot, ce geai français paré de vos plumes allemandes, ô grand Schelling! Tout est dans tout. Oui, l'enveloppant est dans l'enveloppé, le cristal dans la molécule, le chêne dans son fruit, la forêt dans le chêne, le tout dans sa partie, l'entier dans la fraction ; dans le doigt se retrouve la main, le bras dans la main, le corps dans le bras. La dent et l'estomac, la tête et la queue, sphères anatomiques à dimensions diverses, voilà tout. L'univers est une cellule immense; la cellule mère, selon Raspail : tout le reste n'est que cellules emboîtées et similaires. De même, plantez de bouture, par hypothèse, un des six groupes transonniens, et il se bifurquera de suite en six divisions; il reproduira ses six congénères, comme la fille reproduit la mère, l'essaim la ruche, etc. Tout est dans tout.

Au commencement, j'ai prétendu que Transon n'était pas républicain à la manière de Babeuf. Ces deux grands hommes étaient, au contraire, leur négation mutuelle. S'ils s'étaient rencontrés, je ne pense pas qu'il y eût eu possibilité de conversion. L'organisation à niveau, l'association à plat, les hommes en contact de fraternité comme les pavés d'une rue, voilà l'idéal de Babeuf et de ses successeurs. Arrière tout ce qui sent la superposition, l'échelle, l'aristocratie, la hiérarchie. Arrière donc, pauvre vieux sacrificateur de porcs, auraient-ils dit à notre philosophe. Comment osez-vous, dans notre siècle de progrès, prêcher votre socialisme antiégalitaire ! Heureusement pour vous que nous ne sommes pas *terroristes*. En Icarie, nous vous donnerons pour pédagogue à vos victimes. Vous les initierez à la première phase de civilisation, au culte des faux dieux et de la propriété ; de bourreau vous en serez l'hiérophante.

Arrière, se fût également écrié le grand, l'incomparable Fourier. Arrière, mon pauvre ami Transon. Nous avons médité tous les deux dans le fond d'une boutique. Nous avons même point de départ ; mais quelle différence dans le point d'arrivée ! Que signifie votre pyramide, votre pagode politique à six étages, bonne tout au plus au temps de Brahma, au sortir de l'*Edenat* ou de la *sauvagerie*? Je dis tout au plus, car l'homme est éternellement identique dans sa nature *passionnelle*. 5 *sensitives*, 4 *animiques* et 3 *dirigeantes* ; et tout *groupe* susceptible d'*harmonie* renferme juste 810 *caractères*, non compris les *modulations externes, internes, directes, indirectes, infinitésimales*. Il s'agit bien aujourd'hui de classer tout cela ! Non, plus de classes. Il s'agit de *sérier, contraster, équilibrer, marier, entre-croiser* et *combiner*, si l'on veut que l'orchestre humain ne soit plus un charivari d'enfer, une cacophonie des 7 *fléaux lymbiques*. Eh quoi ! il vous a fallu, à vous, dans votre vie au moins six métiers en alternance, sans compter vos fugues de jeunesse à l'École de Médecine; et vous voulez que l'humanité reste parquée à perpétuité dans un échiquier à six cases, sous prétexte de règnes naturels et de trinité céleste? Mais, à n'en juger que par le premier détail venu, cela d'abord n'a aucune exactitude théorique. Prenons le tailleur, où le placerez-vous? À présent qu'on fait avec le verre et l'amiante du fil à coudre, il est évident qu'en taillant un paletot quelconque il coupe son étoffe dans les trois règnes ; il manque donc de place dans votre classification, par le fait même de son *ubiquité*. Cela ne conclut ensuite à aucune amélioration pratique. Il en est tout autrement de mes trois principes fondamentaux, à moi : le *matériel*, le *spirituel* et le *distributif*. Grâce à eux, j'assure *en minimum* 20 métiers par jour au travailleur *phalanstérien*. Voltigeur, ayant pour ailes la *cabaliste* et la *papillone*, il se posera de fleur en fleur dans le jardin de l'industrie et de la nature. L'humanité sera alors un peuple d'abeilles, comme vous dites ; et mes *armées de cent mille combattants en pâtisserie sur les bords de l'Euphrate*, auront de quoi sucrer leurs œuvres.

A ces objections du communisme et de la phalange qu'eût répondu Transon? Comme l'Abdéritain Démocrite, son ascendant en ligne directe, son *alter ego*, si vous admettez la métempsycose, il eût inévitablement et puissamment ri. Non pas toutefois d'un rire de morgue et d'insulte, comme l'auteur du *Diacosmos*, philosophe demi-timbré, recommandé comme tel à Hippocrate par ses concitoyens ; mais d'un de ces rires épanouis, tolérants et joyeux, qui ne sont au fond qu'une prière au ciel en faveur des ignorants; qu'une invocation au tribunal du temps, qui est le grand juge en fait de théories; du temps, qui ne respecte que ce qu'il fonde. *Rira bien, voyez bien*, eût donc dit notre Alexis, en joignant le précepte à l'exemple : *Rira bien, voyez bien, qui rira le dernier*. Car ce dicton d'ironie douce et calme était chez lui comme un tic de loquacité bienveillante. Il équivalait au *e puer se move* de Galilée ; ou à ce passage d'un juste et tranquille orgueil que je lis dans l'auteur de la théorie circulaire, dans *Vico* :

« Depuis la publication de ma *Scienza nuova*, j'ai re-
» vêtu un nouvel homme ; et l'aiguillon qui me portait à
» me plaindre de ma destinée et à m'indigner contre la
» mode du jour qui m'est contraire, s'est émoussé. »

Assez, Messieurs, sur Transon philosophe et historien. Dans les *trois qui n'en font qu'un*, nous avons examiné les deux premiers aspects; passons au dernier.

III.ᵉ POINT. — Transon collecteur et antiquaire.

L'exposition de sa philosophie, en mode littéraire, répugnait donc évidemment à Transon. Haine du livre, ai-je dit; mais aussi un peu orgueil et modestie. Modestie, c'est-à-dire, crainte de faire plus mal que ses devanciers; orgueil, c'est-à-dire, refus de vouloir suivre les chemins battus. Mon *discours*, à moi, *sur l'histoire universelle*, ce sera ma collection. On connaîtra la triste humanité par ses produits, *à fructibus*. Voilà ce qu'il s'était dit de bonne heure. Et de bonne heure, par conséquent, sa manie de collectionner et de coordonner, constatée chez lui dès l'âge de 6 ans, avait dû devenir, d'instinct de castor qu'elle était primitivement, une passion supérieure et terrible, une passion scientifique et sacrée.

Petits Condillacs passés, présents et futurs qui calomniez l'esprit de système, les idées *à priori*, le *scribitur ad demonstrandum*, et qui, comme moi, à la vente du défunt, avez acheté à vil prix tant de vieilleries charmantes de laideur, lesquelles font le chagrin de vos jeunes épouses (à en juger de la mienne), mais aussi les délices de vos amis, revenez de vos calomnies et de vos préventions.

C'est grâce à sa pensée philosophique, et à elle seule, que Transon s'est fait un des premiers moteurs de notre beau mouvement archéologique. C'est à son idée sur l'humanité et ses six groupes naturels qu'il faut faire honneur du salut de tant de choses précieuses menacées du naufrage par le faux goût, le dédain et l'ignorance du commencement du siècle. Sans sa synthèse et le besoin de trouver à cette synthèse des matériaux d'expression, qui expliquerait jamais et l'ancienne date, et la longue opiniâtreté, et le caractère encyclopédique de sa collection immense. Donc *spiritus Dei ferebatur super aquas*, l'esprit planait sur la matière; ou, comme dit M. Cousin, auquel jusqu'ici je n'avais pas pensé : Donc l'absolu préexistait au relatif; attendu que « (Fragments. I. 296) l'absolu est une loi de l'es-
» prit humain, une croyance, une forme, une catégorie,
» un principe nécessaire; nécessité, il est vrai, s'il faut
» en croire l'objection de Kant, nécessité qui détruit l'ab-
» solu qu'elle prétend fonder, en lui imprimant un ca-
» ractère de réflexivité, et par conséquent de subjecti-
» vité, de relativité et de personnalité, par le rapport

» qu'elle lui impose avec le moi, siège de la personnalité
» et de la réflexivité, de la subjectivité et de la relativité. »
Mais qu'est-ce que cela prouve ? je vous le demande. Cela
prouve-t-il que Kant, supérieur à M. Cousin, était digne
de laver les pieds de Transon : *Solvere calceamentum ?*
C'est possible. Cela ne prouve du moins pas autre chose.

Transon demeurait au centre de la vieille ville (*civitas Namnetensis*), rue Saint-Nicolas, n.° 26, quartier et maison d'antiquaire. L'aigle ne niche pas dans les roseaux, ni l'orfraie dans les aubépines en fleur, et le nautile solitaire ne prend pas pour nacelle de voyage la première venue des coquilles univalves. Il faut, dit M. de Châteaubriand, entre l'hôte et l'habitacle de secrètes et significatives harmonies. Si donc Transon n'eût pas eu de famille, cette maison gothique, il l'eût achetée; et si elle n'eût été à vendre, il l'eût fait faire. Rien de plus facile, aujourd'hui, que de faire des meubles vermoulus avec du bois neuf, et, par conséquent, une maison trois ou quatre fois séculaire avec des matériaux qui sortent de la carrière. C'est comme à Meudon, près de Paris : les gamins du village prennent quelque débris, quelque fragment d'os ou de corne à l'abattoir voisin; ils vous empâtent cela artistement dans un bloc de craie, et vendent le tout pour un fossile rare à quelque savant géologue.

Pauvre vieille maison ! semblable à quelque grognard invalide entouré de conscrits, tu vas céder la place à ces maisons neuves et proprettes qui se moquent de ton haut tricorne d'ardoise, de ton pignon qui se déhanche, de tes poutrelles en sautoir comme un fourniment délabré; tu vas t'en aller où est allé ton maître. L'envahissante église qu'on bâtit derrière, te menace d'expropriation forcée. Tout sera donc avant peu démoli, et ta lucarne béante comme un œil de cyclope, et ton étage à surget qui surplombe, et ton rez-de-chaussée aux parapets de granit s'enfonçant sous la rue. Rien ne restera. Le touriste pourra visiter au loin, tous les logis célèbres : à Soucy, celui de Jean Cousin ; à Nevers, du poète et menuisier Adam ; à Néremberg, d'Albert Durer ; à Rouen, de Corneille ; à Strafford, de Shakespeare.

Quand il viendra à Nantes, s'il demande l'hôtel Transon ; hélas ! plus rien en place, qu'un de ces palais plats qu'on trouve partout, grands cubes de tuffeaux blancs polis au rabot, maisons carrées et régulières comme une caisse à savon, gracieuses comme leurs propriétaires, poétiques *idem*.

Hâtons-nous de faire à Transon collecteur une visite à domicile. Il est au comptoir, entouré de pratiques, et découpant une tranche de quoi que ce soit à quelque grisette agaçante qu'il étourdit de ses joyeusetés ; veste ronde, tablier blanc, casquette de loutre, besicles d'argent. Entrons, et demandons-le à lui-même.

Monsieur Transon est-il ici ?

Non, Messieurs, — va-t-il nous répondre, — Monsieur Transon n'est pas ici, je ne suis que son garçon ; mais, un instant, et je cours prévenir celui que vous demandez.

Et, quand notre Sosie sera de retour, sous une toilette d'apparat, ne riez point, je vous prie, de son indéfinissable figure, moitié génie et moitié vulgarité, moitié folie et moitié finesse, ni de ses salamalecs hors de mode, ni de son chapeau tromblon, de ses cheveux à la victime, de ses pendants d'oreille, de sa redingote 1804 ; mais, réfutant de quelques mots polis son humilité de surface, suivons-le par son arrière-boutique, où il couche dans un lit à la duchesse, par cette cour-laboratoire tout envahie d'ustensiles de son métier, par ce petit escalier aveugle et tortueux qui est au bout. Franchissons cet escalier, et nous voici au premier étage, sur les derrières mauresques de la maison ; nous voici chez Transon l'antiquaire.

Des dehors du logis l'intérieur est digne.
Six chambres labyrinthe où, sur la même ligne,
S'entassent des milliers d'objets pris au hasard.
Flore et faune au milieu d'un vieux luxe inutile ;
Momie, herbiers, squelette, oiseaux, roches, fossile,
Serpents, singes bourrés, fœtus au teint blafard ;
Rébus et talismans, boîte à sorciers des rues,
Clysoirs et pipe turque, alambics et cornues,
Reliquaires d'église, ornements, vieux vitraux ;
Manuscrits précieux sous des bouquins sans titres,
Sabbatique désordre où mannequins, pupitres,
Chevalets et fauteuils dansent des boléros.

Puis, sous force poussière, émaux et porcelaines,
Laque, écrans, pots chinois, vieux sèvres, caisses pleines
De camés, de bijoux à décrire trop longs.
Cristaux, soierie indoue, éventails et fourrures,
Grès, plats de Palissy, hamacs, vieilles armures,
Yatagans, criss malais, arbalètes, tromblons,
Casques, dagues, poignards, clémores écossaises,
Bronzes, glaives romains trouvés dans nos falaises ;
Outils de tout pays, bons à rien, laids à voir.

Des psychés pompadour, des bahuts moyen âge,
Des glaces de Venise où se mire un sauvage ;
Un antre, un arsenal, un musée, un boudoir.

Un bazar infini de choses sans époque.
Le beau s'y heurte au beau, l'absurde à l'équivoque :
Chaos où tout existe, où l'œil n'aperçoit rien ;
Des médailles sans prix gisant dans la ferraille ;
Des peintures sans nombre à tout pan de muraille,
D'un cuistre, ou d'un bon maître, ou d'un copiste ancien.
La gravure à foison remplissant de grands livres ;
Bois et marbres sculptés, aciers, ivoires, cuivres,
Autographes, pastels, dessins, plans et tableaux.
Bril, Voss, Stradan, Goltzius, Sadler, Rembrandt, que sais-je ?
Une image à deux sous entre Guide et Corrège,
Une croûte rocaille entre deux beaux Vanloos.

La prose étant impuissante, j'ai dû tenter le vers. Or, la collection Transon était bien autrement abondante et diffuse, hétéroclite, surchargée, immense, que ne l'indiquent ces trois strophes rapides. En plus du 1.ᵉʳ étage, elle encombrait la cave et deux greniers ; que dis-je ? elle occupait, en outre, toute une maison succursale située sur les Ponts, en Petite-Biesse, n.º 21. C'était même là le dépôt principal des objets à grandes dimensions ; c'était là aussi le Louvre demi-champêtre où Transon avait disposé la galerie de ses tableaux. Il aimait à s'y rendre de temps en temps dans les beaux soirs d'été, à s'y accouder sur une de ses fenêtres, et, l'œil en extase devant le splendide paysage de la prairie de Mauves, à méditer là sur l'éternel contraste de la nature si joyeuse et de *l'humanité si triste.*

Au moment que Vesper vient embrunir les cieux,
Attaché dans le ciel, il contemplait les cieux,
En qui Dieu nous escrit, en notes non obscures;
Les sorts et les destins de toutes creatures.
Car luy, en dedaisgnant (comme font les humains)
D'avoir encre et papier, et plume entre les mains,
Par les astres du ciel, qui sont ses caractères,
Les choses nous prédit et bonnes et contraires;
Mais les hommes, chargés de terre et du trespas,
Mesprisent tel escrit et ne le lisent pas.

Voilà ce qu'il se disait avec son poète favori, Ronsard, et ce qu'il rendait aussi lui en vers dont les essais ou les informes débris ne m'ont pas paru dignes de l'élève d'un tel maître.

Quand on pense, Messieurs, que M. Honoré de Balzac a séjourné quelques semaines *sur les Ponts*, non loin de la maison de retraite de Transon, en 1840 ou 41. Et dire que l'auteur du *Père Goriot*, de *Louis Lambert* et de *la Peau de Chagrin* s'est contenté d'être l'*Azimptote* de notre personnage; de l'approcher jusqu'au contact, sans pourtant le rencontrer, sans qu'on lui ait fait faire sa connaissance. Quel malheur pour tous! Notre littérature aurait un chef-d'œuvre de plus; Nantes, une étude admirable à la place de la mienne, sur un de ses habitants; Balzac, un nouveau titre à l'Académie; Transon, une place assurée au Panthéon de l'immortalité. A quoi tiennent cependant la gloire et les destinées!

Je ne dois pas taire deux arguments nouveaux au profit de l'assertion que j'ai émise; savoir : que les matériaux de sa collection devaient, dans l'esprit de Transon, servir à l'expression de son système.

Le premier de ces arguments, c'est la proposition qu'il avait faite et refaite, mais sans succès, à un architecte de Nantes, M. N..., quelque cinq ou six années avant de mourir, de lui léguer en don, après décès, d'abord l'ensemble de ses *galeries* et *dépôts* quelconques, et ensuite sa *maison des Ponts* elle-même, à la condition que cet architecte voulût bien, par ses propres soins et à ses frais et dépens, surmonter celle-ci d'un second étage. Dans cette maison ainsi agrandie et restaurée, Transon se fût alors tout à fait retiré, non pour y jouir en Sybarite de la paix et de la solitude, loin des sots, *c'est-à-dire du* $1/3$ + *du* $1/4$ + *du* $1/2/4$, selon son calcul; mais pour y poursuivre l'exécution finale de ses plans, troublés tant de fois par *l'instabilité des choses humaines*.

Le deuxième argument est plus positif et plus direct. C'est un commencement de coordination déjà effectuée, comme l'exigeait son système, dans sa collection immense de gravures. 20 à 25 mille de ces gravures, dessins ou images, étaient distribuées et collées dans une série de 9 volumes grand in-folio, reliés de veau à grands frais, et correspondant deux par deux à l'un des six *groupes naturels et permanents de la triste humanité,* dont ils étaient censés formuler l'histoire.

1.º Prêtres, religions et cultes.
2.º Rois, militaires et batailles.
3.º Magistrats, législations et supplices.
Etc., etc.

Cette série de 9 volumes n'était évidemment pas close à ce chiffre. Le premier volume qui la commence, est tombé en ma possession. C'est le péristyle de la galerie. Il résume la *triste humanité* dans l'ensemble de son mouvement historique et de ses groupes. En voici le titre développé, ou frontispice, tout entier écrit de la main de l'auteur :

« **INTRODUCTION**

» A L'HISTOIRE DE LA TRISTE HUMANITÉ,

ou

» DU COURS ORDINAIRE DE LA VIE DES HOMMES.

» L'histoire ancienne se divise en deux parties : l'une
» sacrée et l'autre profane.

» Dans la première on voit ce qui s'est passé au com-
» mencement du monde, écrit par Moïse le législateur,
» Philon le Juif, Joseph l'historien et autres.

» Dans la deuxième, les événements arrivés aux Chal-
» déens, Égyptiens, Grecs, Troyens, Romains et autres;
» par Homère, le plus ancien des poètes connus; par Héro-
» dote, Tacite et autres historiens célèbres.

» La découverte du nouveau monde, avec la vie et les
» mœurs des sauvages ou les usages de l'enfance de toutes
» les sociétés.

» Ce qui s'est passé et ce qui se passe parmi les hommes
» civilisés. *Leur division en six groupes, existant dans les*
» *grands corps d'un État*, susceptibles de divisions suivant
» les professions reconnues.

» Le tout au plus grand avantage de la république universelle.

» Composé avec des estampes réunies, où l'on voit, sui-
» vant la place que je leur ai assignée, ce qu'étaient les
» beaux-arts dans les XIII.ᵉ, XIV.ᵉ et XV.ᵉ siècles, et suivants.
» Fruit de plus de trente ans de recherches et de travail.

A. TRANSON *fecit*.

» Ouvrage rempli de difficultés, par la presque impossibi-
» lité où j'ai été de me procurer les matériaux nécessaires
» pour arriver au but que je me suis proposé, afin de me
» rendre raison de ce qui est arrivé et de ce qui arrive sur
» la surface du globe.

» *Nantes, 1819.* »

Ce volume, de 500 pages, couvertes chacune en moyenne de 4 à 5 gravures bonnes ou mauvaises, en renferme par conséquent environ 2,500, parmi lesquelles 14 vélins miniatures, quelques Albert Durer, quelques beaux Rembrandt, quatre pièces du fameux graveur à la croix, des Piranesi, des Salvator Rosa, etc., etc. Puis, comme dans tous les autres volumes classés, sur la dernière page, un squelette et un tombeau, tout devant forcément finir par le *ci-gît* dans la *triste humanité*.

9 volumes, à 2,500 gravures chacun ; total, 20 à 25 mille. Mais ce n'était là que le 1/4 de la masse entière, calculée pour la vente au chiffre approximatif de 80 mille, la majeure partie étant restée en portefeuille et se refusant au collage par l'excès de dimensions.

Les visiteurs ne soupçonnaient, ni en fait de gravures ni en fait de quoi que ce soit, la richesse quantitative des dépôts de Transon. Au premier coup d'œil, c'était de la poussière ; au second, du désordre ; au troisième, des masses d'objets ridicules ou sans mérite ; au quatrième, des choses vraiment curieuses et belles, mais dont la valeur s'amoindrissait encore à leur entourage. Et il était rare qu'on pût se livrer à un examen sérieux, ou qu'on voulût se hasarder dans plusieurs visites. Cela était rare, à cause du danger auquel je faisais allusion plus haut, d'être exploité, en ne s'adressant qu'à Transon collecteur, par Transon philosophe. Pour celui-ci, en effet, ses richesses archéologiques n'étaient que les bagatelles de la porte. L'important, le capital, l'unique nécessaire, c'était son système. Il fallait, bon gré, mal gré, s'asseoir au cabinet-sanctuaire, feuilleter avec lui, page à page, les 9 interminables volumes sur les *six groupes permanents et naturels ;* et, quelque compensatrices que fussent la pantomime et la glose du démonstrateur, on jurait, comme le renard, de n'être plus pris aux ennuis de la démonstration.

La collection était donc peu connue ; et la vente posthume s'étant faite sans grands frais de publicité, elle n'a rapporté aux héritiers, trop impatients ou mal conseillés, que la moitié à peu près de sa valeur, environ 25 mille francs, dont détail suit :

La masse des tableaux, 6 mille francs.

Un beau triage de chinoiseries et articles Louis XV en cuivre doré, émaux et porcelaines, 15 cents francs à d'habiles brocanteurs de Tours.

Le principal lot de médailles; plus, de petits bronzes d'art, ciselures, bas-reliefs, 15 cents francs.

Une masse considérable d'objets-fantaisies aux sept ou huit amateurs de Nantes appelés de hasard par le *drap rouge* des commissaires-priseurs, 3 mille francs.

Le reliquat général de vieilleries, curiosités et meubles, avec le gros des livres et la presque totalité des gravures, 8 mille francs.

Dans ce Capharnaum on pourrait faire évidemment de bonnes rencontres, en visitant surtout la partie gravure chez son acquéreur (1).

Voilà comme s'est dispersé aux quatre vents du mercantilisme cet amas incroyable, *objet de plus de 50 ans de recherches*. En plus de son offre testamentaire à un architecte, aux conditions mentionnées, Transon avait eu le désir vague de faire hommage à la ville de son trésor. On n'y a pas pris garde. On n'a point su mettre à profit cette velléité généreuse. L'enrichissement archéologique de la cité ne touche guère nos édiles. C'est la perle devant le coq de village.

> Le moindre grain de mil
> Fait bien mieux son affaire.

La *Société des Beaux-Arts* eût pu, eût dû peut-être sup-

---

(1) Le sieur Lelièvre, marchand antiquaire, rue du Calvaire, à Nantes.

pléer à l'insouciance municipale. Elle n'a envoyé à la vente un de ses représentants, que pour faire quelque insignifiant achat.

Certains articles intéressants n'ont pas du moins quitté notre ville, et pourront un jour faire retour à ce Musée d'antiquités dont le local et le noyau se font toujours attendre, bien que sans cesse réclamés par les esprits d'élite, notamment par M. Guépin, d'une manière éloquente et vive, dans la *Revue du Breton* (I. 23. 1836). Ces articles sont :

1. Une amphore romaine trouvée en mer, à quelques brasses de notre littoral ; grande dimension, intacte, et une des plus belles peut-être de ce genre qu'il y ait en France.

2. Une lampe de bronze, vrai antique, à dessin de satyre ou nègre accroupi.

3. Le 1.er volume, si l'on veut, de la Triste Humanité ; volume introduction que l'auteur de cette notice garde dans sa facture originelle.

4. Un petit meuble florentin, à colonnettes de porphyre, à tiroirs garnis de plaques émaillées, où force personnages, moitié peints, moitié burinés sur or, composent de petits sujets renaissance.

5. Un manuscrit introuvable, quoique souvent mentionné par les bibliophiles : celui de saint Aubin d'Angers. 12 vélins petit in-4.°, sur lesquels les actes légendaires du saint sont représentés en grandes miniatures romanes du IXe au XIe siècle. Propriétaire, M. A. M., très-appréciateur de sa trouvaille et très-capable, comme il se le propose, de nous en signaler le mérite et la signification.

Etc., etc.

Transon était-il fou? ne l'était-il pas?

Ce n'est point là un dilemme sans moyen terme ; à mes yeux, Transon n'était ni l'un ni l'autre. C'était une nature *incertæ sedis*, comme on dit en histoire naturelle; une variété psychologique hors cadre, une intelligence toute spéciale.

Il avait de l'homme de génie, il avait de l'homme commun ; il combinait infirmité et puissance dans des proportions toutes singulières. Au moral, même antithèse : bien que le bon dominât de beaucoup, le faux et le mauvais faisaient souvent saillie dans sa conduite, comme la faiblesse et l'absurde dans sa pensée. Pour nous en tenir à celle-ci, remarquons un fait : il n'a jamais pu acquérir ce qu'acquièrent d'emblée beaucoup d'hommes inférieurs ; tant soit peu de style et tant soit peu de grammaire, malgré tous ses efforts à cet égard, malgré un commerce de toute sa vie avec les livres et avec la plume. Remarquons un fait contraire. Les questions auxquelles il a pris exclusivement goût, les ouvrages dont il s'est nourri avec toute prédilection, ne sont jamais à l'usage des sots. Ces questions et ces ouvrages se rattachent aux grandes doctrines religieuses et socialistes.

En fait de religion, Transon est plus matérialiste que métaphysicien ; mais il est un peu l'un et l'autre : il se noie dans le panthéisme moléculaire, mais c'est déjà un signe de force que d'y avoir atteint. En fait de socialisme, nos *révélateurs* aujourd'hui en vogue n'étant pas connus de son temps, qui a donc pu lui faire guide? Il avait lu Platon, mais avait-il lu aussi Campanella et l'utopie de Thomas Morus? utopie dont il nous donne une formule si originale, si

4

bien à lui tout seul, dans son île d'une 1/2 lieue carrée. Est-ce l'ouvrage de Malthus qui le rend si effrayé du phénomène de la multiplication excessive de notre espèce? phénomène dangereux qui a fait, selon Transon, inventer la religion comme remède. Et ses divagations sur les mythes, ne les doit-il qu'à Dupuis? Et ses instincts de foi, ne les doit-il qu'à Jean-Jacques Rousseau?

Quoi qu'il en soit, cet homme si singulièrement actif de la pensée et de la main, en même temps que si désordonné et si déraisonnable, s'il n'a laissé rien qui vaille en fait de manuscrit, a du moins su laisser trois mille francs d'héritage aux siens, gagnés à force de sueur et économisés à force de sobriété. Créateur dans l'ordre économique comme quatre, il n'a été consommateur que comme deux. Au rebours de tant d'autres qui passent sur cette terre, producteurs comme deux, quand ils produisent quelque chose, et consommateurs comme quatre, quand ce n'est pas comme quarante; par conséquent, fléaux de la communauté.

Transon a fait plus et mieux. A cette même communauté il a laissé pour 50 mille francs au moins de valeurs d'ordre mixte dans sa collection; valeurs matérielles et immatérielles, dont il est le créateur en ce sens, non pas qu'il les a extraites du néant, mais qu'il les a empêchées pour la plupart d'y rentrer... Car on sait qu'à l'époque de ses premières recherches archéologiques, l'opinion publique faisait fi de tout cela.

Somme toute : citoyen et charcutier, philosophe et historien, collecteur et antiquaire, Transon aura pu faire rire dans cette notice, comme dans sa vie, les gens probes comme lui; et il n'aura jamais eu le mépris que de gens qu'il méprisait lui-même, grands faiseurs en industrialisme ou en politique, charlatans de capacité et de positivisme, qui de fait mènent la société comme elle est menée, dans son éternelle voie de paupérisme, et justifient, avec le scepticisme fondamental de Transon, son ironique *théorie de la permanence sur la triste humanité*.

Joseph FOULON.

5 janvier 1848.

Nantes, imprimerie de Mme veuve C. Mellinet. — 44,635.

www.ingramcontent.com/pod-product-compliance
Lightning Source LLC
LaVergne TN
LVHW022203080426
835511LV00008B/1536